# Feelings

## Oder

## „Die Wahrheit der Seele"

Worte für „Große Kinder" und
die die es bleiben wollen!

## Frei nach

## Gaby Fox

# Sommerwind

Sommerwinde tragen meine Gedanken
Gedanken voller Sehnsucht und Liebe.

Sommerwinde tragen meine Gedanken in weite Ferne.
In die Ferne zu Dir.

Sommerwinde nehmen meine Gefühle mit auf den Weg.
So viele Gefühle die sich in meinem Körper stauen.
Zärtliche Gefühle voller Leidenschaft und der Begierde nach
Dir.

Sommerwinde um wehen Dich.
spürst Du sie?
Nehme sie in Deinem Körper auf.
Sie kommen von mir.

Verdränge die Herbst stürme aus Dir.

Lass uns gemeinsam ziehen im Sommerwind.

# Definition

Was ist Liebe, oft habe ich mich das gefragt.

Ist es Liebe, wenn man dem Anderen etwas schönes sagt

Ist es dann auch Liebe, wenn man den Menschen gerne hat?

Ist es auch Liebe, wenn man verlassen wird und ist allein?

Ist es dann auch noch Liebe, wenn man mit seinen Gefühlen im Stich gelassen wird?

Ist es dann auch Liebe, wenn man einfach sagt es ist aus?

Darum nimmt man für das Wort Liebe auch soviel in Kauf.

# Die kleine Mühle

Die kleine Mühle am Bach.

Ein kleines romantisches Nest.

Wir trafen uns dort zum ersten Mal.

Wir verliebten uns ineinander und versprachen unser Leben lang zusammen zu bleiben.

Wir liebten und stritten uns dort.

Wir lachten und wir weinten dort.

Bis er eines Tages nicht mehr kam.

Er konnte nicht kommen, er würde nie mehr kommen.

Die kleine Mühle am Bach, einst Zeuge einer Liebe, jetzt verlassen und leer.

# Zwei Meter

Ein Abend-Kerzen-Du und ich.
Zwei Meter die uns trennen.
Unendliche Weiten schrumpfen zu einem Nichts.
Du bist hier.

Zwei Meter die uns trennen.
Meine Gefühle umhüllen Dich. Einem Mantel gleich, abzuhalten
die Kälte der Einsamkeit.

Zwei Meter die uns trennen.
Sehnsucht-aufgehen in Dir wie ein Licht-zärtliches Verstehen.

Zwei Meter die uns trennen.
So nah und doch wieder Lichtjahren gleich.
Bittere Lähmung die mich bannt schenke mir ein Stückchen nur
schenke mir Zwei Meter die uns trennen

# Leben

Leben im Schatten der Einsamkeit.

Einsamkeit verschmolzen mit Heimweh und der Sehnsucht
nach Liebe.
Echter Liebe.

Eingesperrt in einem großen Käfig der Leben heißt.
Flucht ist sinnlos, dieses Gefühl holt Dich immer wieder ein.

Du würdest immer auf der Suche sein, nie zu Hause.
Du willst raus und doch gibt es so viele Gründe die Dich halten

# Ich liebe Dich

Ich liebe Dich.
Ich weiß, daß diese Worte nicht viel für Dich bedeuten, doch
ich habe meine Gründe dafür.
Sie können Lüge sein, doch einmal wirst auch Du sie verstehen.
Ich liebe Dich.
Ich werde Dich in meinem Herzen immer weiter tragen, doch ich
weiß, daß es nie mehr so sein wird, wie es einmal gewesen ist.
Ich liebe Dich.
Ich habe Dir meine ganze Liebe gegeben,
doch Du hast sie nie für wahr genommen.
Ich liebe Dich.
Für Dich können es nur Worte sein.
Für mich ist es mehr.
Ich liebe Dich.
Ich habe Deine Liebe bekommen, aber nicht in der Art,
in der ich sie mir immer gewünscht habe.
Doch ich liebe Dich.

# Der Käfig

Die Menschen sagen, sie lieben den Regenbogen.

Doch wenn es regnet schließen sie die Fenster.

Die Menschen sagen, sie lieben die Vögel.

Doch sie sperren sie in Käfige.

Deshalb habe ich ein wenig Angst, wenn man sagt

„Ich liebe Dich".

## Der Poet

Ich bin der Poet.
Für die Welt in der ich leben muß.
Kalt an Gefühl und manchmal sogar ein wenig egoistisch
denkend.
Doch, ich bin der Poet.
Tief in meinem Innern überfüllt mit Emotionen.
Gestaute Zärtlichkeit die heraus möchte.
Doch nur meine Feder fühlt für mich und bringt mein wirkliches
„Ich" an den Tag.
Denn, ich bin der Poet

# Garten Eden

Schwärze umhüllt mich, endlose Leere,
ich fühle wie ich falle in einen dunklen tiefen Abgrund.

Von kahlen Betonwänden schreit mich nackte Verzweiflung an.
Hilfe, wo ist dieses bunte Leben das so verheißungsvoll war.
I
ch will raus aus diesem kahlen Nichts.

Reich mir Deine Hand hilf mir aus dieser farblosen Einöde.

Hilf mir ans Licht Deines bunten Tages und ich werde für Dich
die schönste Blume Deines Garten Eden sein.

# Gedanken

Ich lese ein Journal meine Gedanken wandern weg ich denk an
Dich.

Ich blättere um konzentriere mich, ich denk an Dich

Ein Tag alleine, Kälte der Nacht, ich denk an Dich. Jenseits
des Rosengartens ,geschlossenes Paradies, ich denk an Dich.
Der Kern des Samenkorns sprengt die Schale die Pflanze der
Liebe möchte heraus aus der Dunkelheit ans Licht wachsen so
hoch wie tausend Himmel ich denk an Dich.

Schlaf umhüllt mich trägt mich weg halt ihr Boten des
Vergessens gebt mir eine Minute noch, ich denk an Dich

# Wintermond

Du weckst in mir eine Sehnsucht die ich nicht zu deuten vermag.

Deine traurigen Augen schauen auf mich herab.

Du hälst mich mit Deinem Blick gefangen.

Ich möchte fliegen, fliegen zu Dir.

Wintermond, voll von Kummer und Leid.

Vollkommene Aufgabe.

Ich möchte fliegen, fliegen zu Dir.

Laß Dich fallen.

Ergebe Dich Deiner wahren Gefühle.

Und ich werde fliegen, fliegen mit Dir, heraus aus dem Wintermond in die Sommersonne

## Sehnsucht

Ich bin die Sehnsucht, der See des Verlangens. Spring hinein,
Tauche in die Tiefe und laß Dich treiben in meinem Verlangen
nach Dir

## Eine Träne

Wenn Du eine Träne in meinem Auge wärst,
ich würde nie mehr weinen, um Dich nicht zu verlieren

## Realität

Vertrocknet und wurmstichig,
auf dem Boden der Tatsachen.
Zerschmettert.
Hilfe, ich liebe doch.
Ich dachte, ich hätte endlich den Menschen gefunden.
Doch nun, zurück auf dem kalten Marmor der Realität.
Aber, ich liebe doch.

## Trennung

Wir sind getrennt.
Die Erkenntnis kommt schnell.
Die Erkenntnis, daß ich Dich liebe und für mein Leben brauche
Verzweiflung breitet sich aus Es tut so weh Seh ich Dich je
wieder Werde ich in Deinen Armen noch mal glücklich Es tut
so weh Ich schaue auf Dein Bild in meiner Hand und mein Herz
schmerzt Und es tut wahnsinnig weh

## Maschinen

Krieg in der Fabrik keine Atmosphäre,
kalter Gestank Bilder des Ekels Brutstätten von Mißgunst und
Neid keine netten Worte Kameradschaft– ein Wort das
niemand kennt
Nur Neider und Hetzer,
Emporkömmlinge und Nieten Nistplatz von Schlechtigkeit
Primitives Pack in der Fabrik Krieg, Krieg In allen Abteilungen
An allen Maschinen

## Energie

Ich sehe Dich nicht.
Heute nicht, morgen nicht.
Ich weiß nicht, ob ich es durchstehe.
Ich wäre so gern bei Dir.
Dir zuzuhören, wenn Du sprichst
Es zu genießen, wenn Du mich berührst.
Ich brauche Dich so sehr.
Deine Liebe zu mir läßt mir die Flügel wachsen.
Du bist die Luft, die ich zum Leben brauche.
Meine Nahrung um zu existieren.
Du bist die Energie in meinem Körper.
Ich bin eine Blume in Deinen Händen,
die mit Dir erblüht und verwelkt.

## Tanz der Herzen

Komm mit mir.
Es ist Ball der Liebe, der Tanz der Herzen.
Öffne Dich und zeige Deine wahren Gefühle.
Tanze, tanze in mein Herz hinein.
Du wirst sehen es ist die Musik der Liebe die Dich empfängt.
Ein Rausch, der Dich betäubt.
Der Dir meine Gefühle offenbart.
Komm tanze, tanze den Tanz der Herzen auf dem Ball der
Liebe.
Tanze.

## Jugendzeit

Sie war sehr schön. Sie hatte Gutes und Schlechtes.
Doch irgend etwas fehlte.
Ein Mensch der zu mir gehört.
Ich habe ihn immer gesucht, den Menschen, der zu mir gehört.
Dem ich meine ganze Liebe geben kann
und er mir die seine.
Ich habe ihn gefunden.
Den Menschen, der mir seine ganze Liebe gibt.
Jetzt sehne ich mich wieder nach meiner Jugendzeit zurück.
Doch sie ist für mich längst verloren und wird nie wiederkehren,
da ich den Menschen gefunden habe, der mir seine ganze Liebe
gibt.

## Die Frau

Ja, ich will schwach sein.
Sei stark für mich und ich bin in Deiner Hand ein singender
Vogel, bin ein Sturmwind, ein Himmel voller Sterne, ich bin ein
grüner Planet, eine strahlende Sonne und ein Ozean voller
Leben.
Bin ein Edelstein in Deinen Händen
und eine Frau aller Sprachen, aller Welten.

## Umarmung

In Deinen Armen bleibt die Zeit für mich stehn,
es ist wunderschön und dürfte nie zu Ende gehen.
Deine Zärtlichkeit, so rein und voller Liebe.
Die Wärme Deiner Haut, betörend und voller Geborgenheit.
Es ist wunderbar mit Dir zusammen zu sein,
Deine Zärtlichkeiten auf meiner Haut zu spüren,
Dich zu küssen und in eine andere Dimension zu tauchen.
Mit Dir möchte ich das zärtlichste aller Zärtlichkeiten erleben
und Körper an Körper geschmiegt in die Unendlichkeit
versinken.

## Geborgenheit

Komm mit in meine Welt.
Nimm meine Hand ich führe Dich durchs Land voller Zauberei.
Ohne Neid und Haß.
Liebe für jedermann.
Es ist dort wunderbar.
Hab keine Angst.
Ergreif meine Hand und schreite mit mir durch dieses
Wunderland der Liebe.
Entweiche der Einsamkeit und komm, komm mit mir in das
Land der Geborgenheit
und unendlichen Liebe.

## Ich mag Dich

Eine Kerze brennt, die Musik spielt dazu.
Ich denk an Dich und stelle fest

Hey Du, ich mag Dich.

Ein erfahrener, reifer Mann und manchmal doch so hilflos.
Meine Vorstellung von Dir ist zerplatzt wie eine Seifenblase im
Wind.
Du bist so anders, so ganz anders.

Hey Du, ich mag Dich.

## Kinder

Kinder die sich lieben, umarmen sich im Stern, an den Türen der Nacht.
Und die vorübergehenden Passanten zeigen mit dem Finger auf sie ein.

Aber die Kinder die sich lieben, sind für niemanden da, und es ist nur ihr Schatten, der da zittert in der Nacht.
Der den Zorn der Passanten entfacht.
Ihren Zorn.
Ihr Mißfallen, ihr Lachen und ihren Neid.

Die Kinder die sich lieben.
Sie sind für niemanden da.
Sie sind woanders.

Sehr viel ferner als die Nacht.
Und sehr viel höher als der Tag.
Weitab vom ganzen Weltgetreibe.
Im hellen Glanz ihrer ersten Liebe.

## Kälte

Gestohlenes Herz Liebe die einmal so groß war tot.
Eiseskälte umhüllt mich, der Nebel der Einsamkeit.
Hilfe!!! Befreie mich aus dem Meer der Verdammnis.
Schenk mir Deine Geborgenheit,
gib mir Liebe, damit ich wieder leben kann.
Leben mit Dir.

## Untergang

Liebe die so groß war, doch wo ist alles geblieben, was ist aus uns geworden.

Gefühle, die mit Füßen getreten werden.

Hilfloses Herz, das langsam vertrocknet.

Allein, im Dunkeln der Nacht.

Es tut weh.

Kribbeln in meinem Bauch, als wären Hubschrauber drin.

Verblendet von den Reizen der Hölle.

Verlogene Geborgenheit.

Schwimmen zwischen Nordpol und Südpol.

Doch irgendwann muß man an Land, sonst kommt der

Untergang.
Untergang der Gefühle, die man nicht mit Geld kaufen kann.

## Alkohol

Er zieht die Menschen in seinen Bann.
Sie können ihm nicht widerstehen.

Alkohol.

Er verändert sie.
Der Mensch, sonst lustig und lieb.
Durch ihn aggressiv und leer.

Alkohol.

Er macht sie süchtig.
Der Mensch, sonst hübsch und nett.
Durch ihn häßlich und fett.

Alkohol.

Er bringt sie um.
Der Mensch, ist lebhaft und froh.

Durch ihn verfallen und tot.


## Schwermut


Die Musik spielt sanfte Töne, ich denke an Dich.
Verzweiflung macht sich breit.

Hey Du, gib mir mein Herz zurück.

Einmal so groß geglaubte Liebe.
Zerbrochen durch Sturheit, Starrsinn und Egoismus.

Hey Du, gib mir mein Herz zurück.

Hundert Kilometer die uns trennen, sanfte Wehmut.

Hey Du, gib mir mein Herz zurück.

Flucht aus der Schwermut, doch ein Teil von mir bleibt zurück.


## Verlangen


Mein Herz steht am Abgrund.
Stoß es hinunter oder halt es.
Mein Verlangen nach Dir, einfach grenzenlos.
Doch Du spürst es nicht.
Meine Liebe zu Dir, unendlich, wie das Universum.
Doch du fühlst es nicht.
Meine Qual ohne Dich zu sein, größer als der tiefste Schmerz,

Doch Du siehst es nicht.

## Herz

Öffne Dein Herz, zeig mir den Inhalt.

Öffne Deine Augen und schau wo ich bin.

Siehst Du, ich stehe mit geöffneten Armen vor Dir.

## Dimension

Allein mit Dir.
Deine Nähe spüren.
Die Wärme Deiner Haut, auf meinem Körper spüren.
Dich zu berühren.

Dich zu küssen, von Dir geliebt zu werden.
Das alles muß wunderbar sein.
Und daher wünsch ich mir komm spür mich, berühr mich.
Ich möchte mit Dir in eine andere
Welt versinken.
Laß uns in eine andere Dimension
gleiten, in der noch nie ein Mensch vor uns war.

Meine zärtlichen Worte

Ich wünsche mir,
daß meine zärtlichen Worte Dich erreichen,
daß Du meinen Herzschlag spürst.

durch das Hämmern der Preßluftbohrer,
daß Du mein Lächeln siehst, durch die Mauern der Menschen.
Ich wünsche mir,
daß Du meine Worte hörst,
auch wenn ich schweige.


## Liebe


Meine Liebe zu Dir ist höher als der höchste Berg der Welt.
Tiefer als das Meer.
Schöner als Edelsteine und Gold.
Reicher als alles Geld der Welt.
Und unendlich wie das All.


## Ein Zimmer in Paris


Du stehst am Fenster und schaust hinunter, dort wo gerade
Dein Freund aus der Tür kommt.
Du schaust ihm nach und denkst an die Jugendzeit
zurück,

die Du nicht mehr zurückholen kannst.

Dir steigen Tränen in die Augen, die wie schwere Perlen über Deine Wangen rollen.

Die Leere verliert sich, weil Du weißt er kommt wieder zurück.

Du sehnst Dich nach ihm.

Einmal wird er sagen: "Ich komme nicht zurück, aber Du wirst es schaffen."

Du schaust ihm nach, aber das kleine Zimmer in Paris bleibt dunkel.

Es hüllt Dich ein in Erinnerungen.

Die Zärtlichkeit, die Liebe, die ihr Euch gegeben habt, bleibt.

Und Du stehst wieder am Fenster, in dem kleinen Zimmer in Paris und schaust ihm nach, doch dieses wird das letzte Mal sein.

In dem kleinen Zimmer in Paris.


## Eingesperrt


Leben im Schatten der Einsamkeit.

Einsamkeit verschmolzen mit Heimweh und der Sehnsucht nach Liebe.

Echter Liebe.

Eingesperrt in einem großen Käfig der Leben heißt.

Flucht ist sinnlos,
dieses Gefühl holt Dich immer wieder ein.
Du würdest immer auf der Suche sein,
nie zu Haus.
Du willst raus und doch gibt es so viele Gründe,
die Dich halten.

## Melodie

Die Melodie der Liebe.
Hörst Du sie?
Sie dringt leise, schmeichelnd an Dein Ohr.
Sie umhüllt Dich mit ihren sanften Klängen.

Nimm sie in Dir auf,
laß Dich von ihrem Rhythmus davontragen.
Öffne Dich,
der Melodie der Liebe und schwelge in dem Rausch der Liebe.

Meine Liebe

Will kein Leid Dir zufügen, keinen Kummer und keinen
Schmerz.
Will nur daß Du mich magst.

Will nicht zu hoch Dich tragen, keine Probleme Dir bereiten.
Will nur daß Du mich magst.

Will kein Schindluder mit Dir treiben, kein böses Spiel spielen.
Will nur daß Du mich magst.

Will keinen Ärger haben mit Dir und kein böses Wort Dir
sagen.
Will nur, daß Du mich magst.

Will alles Gute im Leben Dir geben, meine Kraft und meinen
Elan.

Alles, weil ich Dich liebe.

## Die Traumfabrik

Weit, weit weg im All schwebt eine winzige rosa  Wolke. Auf
ihr steht ein kleines Häuschen. Es sieht aus wie ein Schloß mit
hohen Türmen,richtig verträumt.In diesem Haus wohnt der
Mann der die Träumemacht. Es ist ein Zwerg, hat einen
langen grauen Bart und ist sehr weise. Abends, wenn die
Menschen schlafen bringt er

ihnen die Träume. Manchen bringt er die bösen Träume. Sie
schwitzen und schreien im Schlaf. Am nächsten Tag sind sie
dann zerknirscht und oft schlecht gelaunt.

Anderen wiederum bringt er gute Träume.Diese Menschen
lachen im Schlaf und freuen sich über ihren Traum. Wenn der
Zwerg ganz böse Menschen sieht,schickt er ihnen auch
Alpträume. Die sind ganz,ganz schlimm. Der kleine Mann hat
nämlich ein Fernrohr und kann uns Menschen auf der Erde
damit beobachten.

Er sitzt den ganzen Tag an seinem Fensterchen und schreibt
sich alles auf was die Menschen tun. Ob sie böse oder gut sind.
Vor allen Dingen achtet der kleine Wicht auf Verliebte. Ob sie
lieb zueinander sind und sich verstehen.

Da das kleine Männchen sehr weise ist, weiß es auch ob die
Menschen die sich lieben auch richtig zusammen passen. Denen
schickt er natürlich wunderschöne Träume. Die der Zwerg
auch manchmal wahr werden läßt.

Mir ist es selbst passiert und ich weiß daß der kleine Kerl
wirklich sehr schlau ist.

Und bitte ihn oft:" Oh kleiner Mann dort oben am Firmament,
laß meinen Traum bitte nie zu Ende gehen."

*Du*

Ich schließe die Augen und sehe Dich nah, ganz nah.
Wir reiten zusammen im Sonnenuntergang,
rennen Hand in Hand ins Morgenlicht.

und ich erkenne Dich.
Du bist oft allein.
Du zweifelst an Dir, schwer, Millionen nicht zu enttäuschen.
Manchmal sehnst Du Dich nach jemandem,
der Dich versteht, ohne zu fragen.
An dessen Schulter Du weinen darfst, ohne daß Deine Worte
und Tränen von Titelseiten schreien.
Und in langen kalten Nächten im Bett,
wenn sich die Einsamkeit nicht schlagen läßt,
träumst Du von zärtlicher Liebe.
Von einem Mann, der die Leere an Deiner Seite und in Deinem
Herzen füllt.


Sehnsucht in mir


Tief in mir brennt eine Sehnsucht, die ich manchmal nicht zu
stillen vermag.

Dieses Aufbegehren meines Körpers nach Liebe,
nach Geborgenheit.
Wo bleibt die Zärtlichkeit, die ich brauche um ganz Frau zu
sein.
Wo ist das Leben, das an mir wie im Fluge vorbei zieht und ich
kann nichts davon erhaschen.
Wo sind die Gefühle, die mich schweben lassen als stünde ich
im Garten Eden.
Dies alles vermag ich bei Dir zu finden.
Doch manchmal erwache ich in einer Welt aus kahlem Beton
und das Leben wirkt auf mich ein wie tausend Preßluftbohrer.

A Tear

If you were a tear in my eye, I
 would never cry again.
Because I don`t want to lose you.

Energy

I don't see you.
Not today, not tomorrow.
I don't know if I can stand it.
I would like to be with you.
To listen to you, when you speak.
To enjoy it when you touch me.
I need you so much.
Your love makes wings grow.
You are the air that I need to live on.
My desire to exist.
You are the energy in my body.
I'm the flower in your hands.
Which growth and dies with you.

Definition

What is love, I often ask.
Is it love, if you say something nice to somebody?
Is it still love, if you like a person? Is it love, if you left
and you're all alone? Is it still love,
when you are left alone with all your feelings?
Is it still love, when somebody says „that it is over"?

That`s why you accept the word „Love" so much.

# The little Mill

The little mill by the stream.
A little romantic nest.
We met there for the first time.
We fell in love and promised, to stick together our whole
life.
We made love and we argued.
We loughed and we cried.
Until one day he didn`t come anymore.
He could not come, He would never come again.
The little mill be the stream, once witness of a great
love now deserted and empty.


The little Ice-princess

In a far, far land, in a beautiful and large ice-desert,
lived the ice-princess Silvermoon.
Naturally she didn't t live there by herself, she lived
together with her father king Ice-cristal and her whole
court. She had a lot of fun with here two friends –the
goblings– snowflake and icycle (you can have a lot of
fun with goblings).
They lived in a tower. In the cristal-tower. The cristal
tower is the most beautiful and fantastic thing that
anybody has ever seen. The room of the princess
Silvermoon was on the upper floor of the tower. From
there she could look over the whole ice-desert.
Sometimes she was sitting at her window and looked
dreamingly out into the ice-desert. She was thinking
about her loved one, the prince from the waterworld.
She was longing for prince Larinus, whith whom she fell
in love, during a big party, which both nations had
celebrated together.
Prince Larinus didn't know anything about his luck,
thats why princess Silvermoon was so unhappy the last
few days. Snowflake and Icicle were very disapponted,

that princess Silvermoon would not make any fun with them. That's why they decided to go to king Icecristal and tell him what was bothering them.

King Icecristal was already wondering himself, why it became so quiet in the Icecristal-tower. The goblings told him what was bothering them, and also what was bothering the princess.

King Icecristal was very astounished about that what the goblings told him.

The king liked prince Larinus and therefore he decided to send him a message.

He was very sad, that his only daughter, princess Silvermoon, was so unhappy. Cristal, the little fairy, was called, she was ordered to bring the message to the prince of the waterworld.

The litlle fairy went on her long journey to the prinvce of the waterworld.

When cristal –after a long hard journey–finally reached the waterworld, was prince Larinus was very asthounished– to see her. He could still remember her from the big party, but he had only been thinking of the princess.Cristal gave him the message from king Icecristal and started the long journey back. Cristal left a very disturbed prince, because he had not hoped, that the beautiful prinvcess Silvermoon would fall in love with him.

Prince Larinus went into his room, in the shellpalst, to think about his beautiful princess.

He looked dreamingly out of the mother of perls window and decided to go to king Icecristall and ask for the hand of the princess.

He immediately went on his long journey into the Icedesert to the Cristaltower.

A few days later, prinvess Silvermoon sitting again at her window and looking dreamingly across the icedesert, as should could see far away beyond horizon someone coming towards the ice-cristal-tower.

She ran to her father and told him excitingly what she had seen.

King Icecristal just smiled at his daughter, because he exactly know who was coming.

Nosingly princess Silvermoon went back into her room. In the meantime the wanderer came nearer and nearer and princess Silvermoon could see who it was. Prince Larinus.

She jumped for happyness high into the air and started

to run towards him. After a great welcome and a talk
with king Icecristal; the king agreed to a marriage
between prince Larinus and his daugter.
The wedding was a few days later and it was the most
beautiful wedding which ever has beeen taken plavce in
the icedesert.


Prince Larinus and Princess Silvermoon where the
happiest peaople in the icedesert and , we are sure, till
today, the live happily ever after in the icecyistal-tower.

## Summerwind

Summerwinds carry my thoughts Thoughts full of
desire and love Summerwinds carry my thoughts far
away towards you Summerwinds take my feelings on
their way So many feelings stowed in my body Tender
feelings full of passion and the longing for you
Summerwinds are blowing do you feel them? They are
coming from me.

Drive the autumn storms away from you.

Let us walk together into the summerwind

# I love you

I love you.

I know, that these words do not mean much to you, but I have my reasons to say them.

They can be a lie, but once you will understandthe words.

„I love you".

I will always keep you in my heart, but I know, that it will never be the same, as it has been. Before I love you.

I have given you all my love, but you didn´t hear it.

I love you Those are only words for you For me it is much more I love you You have given me your love, but not in the way that I always wanted it.

But, I love you

# The Cage

The people say, they love the rainbow.
But when it rains, they close the windows.
The people say, they love the birds.
But the put them away in cages.
Thats why I am a little afraid, when someone says „I
love you"

## Coldness

Stolen heart Love, once so great Dead, icy colds surround me the fog of lonelyness Help, save me out of the ocean of condemnation give me your security give me your love, so that I can live again together with you

## Desire

My heart is standing near the depths of human soul
throw it away or keep it.
My desire for you is almost beyond all measure.
But you don´t feel it.
My love for you, endlessly like the universe.
But you don´t feel it.
My agony to be without you, deeper as the deepest pain.
But you don´t see it.

## Separation

We are separted the knowledge comes quick.
The knowledge that I love you and that I need you to
live.
Desperation spreads it hurts so much.
Do I ever see you again Will I ever be happy in your
arms again It hurts so much I look at your picture in my
hand and my heart hurts it really hurts

## Youth

She was beautiful. She had good and bad times
But something was missing.
A person who belonged to me.
I have always searched for him, the person, who belongs
to me.
To whom I can give my total love and who gives me his
love I have found him.
The person, who gives me his total love.
Now I am yearning for my youth.
But I have lost it forever and it will never return since I
have found the person who gives me his total love

# Embracement

The time stands still in your arms it is beautiful and
should never end.
Your tenderness so clear and full of love.
The warmth of your skin bewitched and full of security.
It is so wonderful to be with you.
To feel your tenderness on my skin.
To kiss you and dive into another dimension
I would like to experience the total tenderness body on
body and to dive into the deepest eternity

## Heart

Open your hart show me the contents.

Open your eyes and look where I am.

Do you see, I am standing there with open arms.

Herstellung und Verlag:
Books on Demand GmbH, Norderstedt
ISBN 978-3-8370-5133-9